GW00775721

BLACK

NOIR   ZWART

"Books may well be the only true magic."

Alice Hoffmann

TECTUM

Tectum Publishers of style
© 2009   Tectum Publishers NV
          Godefriduskaai 22
          2000 Antwerp
          Belgium
          T + 32 3 226 66 73
          F + 32 3 226 53 65
          info@tectum.be
          www.tectum.be

ISBN: 978-907976-11-73
WD: 2009/9021/20
(84)

Editorial project:
Vertigo Publishers
Viladomat 158-160 int.
08015 Barcelona (Spain)
Tel. +34 933 631 068
Fax. +34 933 631 069
www.vertigopublishers.com
info@vertigopublishers.com

BLACK

NOIR   ZWART

TECTUM
PUBLISHERS

BLACK IS THE COLOUR OF OBJECTS THAT
DO NOT REFLECT LIGHT IN ANY PART OF
THE VISUAL SPECTRUM.

BLACK can be defined as the visual
impression experienced when no visible
light reaches the eye.

r g b

100%   100%   100%

c m y k

0%   0%   0%   100%

Pigments that absorb light
rather than reflect it back
to the eye, look black.
However, this can result
from a combination of several
pigments that collectively
absorb all colours. If the
correct amounts of the three
primary pigments are mixed,
the result reflects so little
light as to be called "black".

DESIGN
HIGHTECH
FASHION
ARCHITECTURE

F O O D

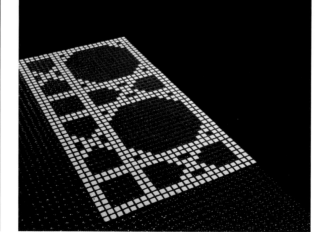

99
HIGH TECH

123
FASHION

153
FOOD

INTRODUCTION

The expression "X is the new black" refers to the latest trend or fad that is considered a must-have, because black is always fashionable. This book will delve into black as a leitmotif in objects where design rules. Black is the newest, most elegant way to present products.

This book looks at black from a contemporary perspective. It explores its use in a wide range of forms, domains and places. In order to learn how to get the most out of black, we will present its differing uses in fashion, interiors, architecture, design objects, gastronomy and so on.

BLACK is a true source of inspiration in both professional and amateur creative projects.

Once you try black you'll never go back.

INTRODUCTION

L'expression « x est le nouveau noir » est une référence pour toute dernière mode ou tendance ; considéré comme un élément primordial pour leur longévité, le noir est et sera toujours « fashionable ». Ce livre vous invite à plonger dans le noir en découvrant des objets de référence dans le design contemporain, et illustre le fait que le noir est la couleur la plus moderne et élégante pour mettre en valeur des produits.

Cet ouvrage offre un regard contemporain sur le noir. Il explore ses usages à travers un large éventail de domaines, de formes et de lieux. Pour apprendre à en tirer le meilleur parti, nous présenterons ses différentes expressions dans la mode, la décoration intérieure, l'architecture, le design, la gastronomie, etc.

Le NOIR constitue une véritable source d'inspiration pour tout professionnel ou amateur de projets créatifs.

Essayer le noir, c'est l'adopter.

INLEIDING

De uitdrukking "X is het nieuwe zwart" is een verwijzing naar de nieuwste trend of rage aangezien zwart altijd in de mode is. Dit boek laat je kennismaken met zwart als leidmotief in objecten waar het ontwerp het belangrijkste is. Zwart is de nieuwste, meest elegante manier om producten te presenteren.

Dit boek is een moderne monografie over zwart. Het bestudeert het gebruik van deze kleur op verschillende vlakken, in diverse vormen en staten. Om te leren hoe je er op een creatieve manier gebruik van kan maken, worden er voorbeelden gegeven uit uiteenlopende gebieden: mode, interieurinrichting, architectuur, design, gastronomie enzvoort.

ZWART vormt een ware bron van inspiratie voor creatieve projecten van de professional en de amateur.

Kiezen voor zwart geeft je een gevoel apart.

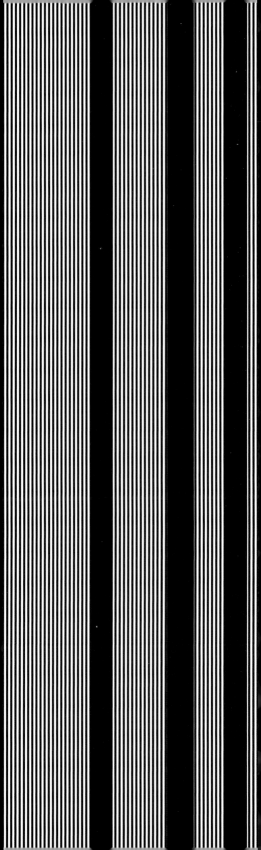

ARCHITECTURE

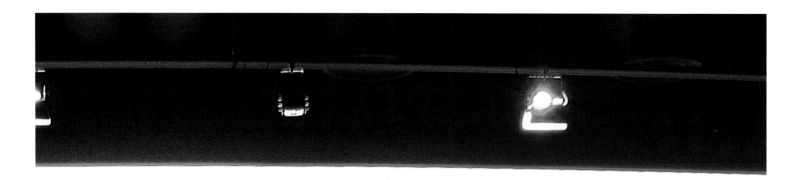

NEGRO

Grupo Tragaluz
Barcelona, Spain
1999
www.negrodeltragaluz.com/negro

Located in the heart of Barcelona's business district, Negro sways between the East and the Mediterranean. The modern and well considered atmosphere with its contrast of light and shadow is the essence of this restaurant. It is the ideal place to have lunch, dinner or a drink, where you'll find good cuisine and a cosmopolitan atmosphere.

Situé au cœur du quartier des affaires de Barcelone, Negro oscille entre tendances de l'Est et de la Méditerranée. Son atmosphère moderne et étudiée, avec des contrastes d'ombres et de lumières, est l'essence même de ce restaurant. Lieu idéal pour déjeuner, dîner ou boire un verre, vous y trouverez de la bonne cuisine dans un cadre cosmopolite.

Negro bevindt zich in het hart van de zakenwijk in Barcelona, balancerend tussen Mediterane en Oosterse invloeden. De moderne en weloverwogen sfeer met contrasten van licht en schaduw vormt de essentie van dit restaurant. Het is de perfecte locatie voor een lunch, diner of drankje. Je vindt er een goede keuken in een kosmopollitische sfeer.

BISAZZA HEADQUARTERS

Carlo Dal Bianco
Vicenza, Italy
2005
www.bisazza.com

Bisazza is one of the most authoritative luxury design brands, and a world leader in the production of glass mosaics for the interior and exterior decoration.

Bisazza fait autorité chez les designers de luxe et s'impose comme leader mondial dans la production de mosaïques en verre pour la décoration intérieure et extérieure.

Bisazza is een autoriteit in de wereld van luxe ontwerpmerken en wereldleider in de productie van glazen mozaïek voor de inrichting van interieur en exterieur.

BISAZZA
SHOWROOM MILAN

Bisazza
Milan, Italy
2006
www.bisazza.com

With the desire to maintain its position as a market leader and
to offer top of the range, luxurious products, Bisazza presents
an interior in which the leitmotif is black. Elegance and luxury
go hand in hand thanks to the use of this highly sober colour.

En gardant toujours à l'esprit l'objectif d'être leader sur le
marché et de proposer des produits haut de gamme, Bisazza
offre un intérieur dans lequel le leitmotiv est le noir. On ne peut
plus sobre, ce choix de couleur confère au lieu élégance et
atmosphère luxueuse.

Bisazza houdt zich steeds voor ogen zijn positie als marktleider
te behouden en het topsegment aan luxe producten te bieden.
Bisazza biedt een interieur aan waarin het leidmotief zwart is.
Elegantie en luxe gaan hand in hand dankzij het gebruik van
deze extreem sobere kleur.

FULL HOUSE

J. Mayer, H. Architects
Berlin, Germany
2007
www.jmayerh.de

In this process, a strong emphasis has been placed on the crea-
tion of a network of professionals and artists from different
disciplines. Specific research projects, developed in collaboration with international universities, are considered the most
important aspect of preparatory work.

Dans ce projet, l'accent a été porté sur la mise en réseau de
professionnels et d'artistes issus de secteurs divers. Les étu-
des et recherches menées en collaboration avec des universités
internationales sont considérées comme l'aspect le plus important des travaux préparatoires.

In dit proces is een sterke nadruk gelegd op de samenwerking
van meerdere geschikte partners uit verschillende vakgebie-
den. Specifieke research in samenwerking met internationale
universiteiten, wordt gezien als het belangrijkste voorbereiden-
de element in dit werk.

Back in **BLACK**, I hit the sack,
I've been too long, I'm glad to be back
Yes I'm let loose from the noose,
That's kept me hangin' about
I been livin like a star 'cause it's gettin' me high,
Forget the hearse, 'cause I never die
I got nine lives, cat's eyes
abusing every one of them and running wild

Yes, I'm back in **BLACK**

AC/DC "Back in black", 1980

T-O 12

Ippolito Fleitz Group
Stuttgart, Germany
2006
www.ifgroup.org

T-O12 is a new nightclub on Stuttgart's notorious "party mile," the Theodor Heuss-Strasse. To create the three-story club, the owners hired two Stuttgart-based firms: architecture and communications firm Ippolito Fleiz Group, and graphic designers i-d buero. The result is a sleekly mysterious, pitch-black space with white furnishings and massive black-and-white murals. The all-black walls, ceilings and floors together with huge mirrors and tiny light spots produce an effect that is vertigo–inducing and fun.

Sur la Theodor Heuss-Strasse de Stuttgart, T-O12 est le nouveau lieu en vogue dans le milieu de la nuit. Pour créer leur club de trois étages, les propriétaires ont engagé deux références à Stuttgart : l'agence d'architecture et de communication Ippolito Fleiz Group, et les dessinateurs graphiques i-d buero. Au final, c'est un espace élégant et emprunt de mystère qui s'affiche dans toute son excentricité. Autour d'un mobilier entièrement blanc, sols et plafonds noirs, immenses fresques blanches et minuscules lampes donnent un effet vertigineux et ludique.

T-O 12 is een nieuwe nachtclub in de Theodor Heuss-Strasse, de fameuze 'party mile'. Voor de bouw en inrichting van de drie verdiepingen tellende club namen de eigenaars twee bekende bedrijven uit Stuttgart onder de arm: Ippolito Fleiz Group, een architecten- en communicatiebureau, en i-d buero, een firma van grafisch tekenaars. Het resultaat is een mysterieuze en stijlvolle ruimte: diepzwart, met grote muurschilderingen in zwart en wit achter volledig wit meubilair. Het zwart van de muren, het plafond en de vloer in combinatie met enorme spiegels en kleine lichtpunten geeft een duizelingwekkend maar tegelijk speels effect.

FLARE

Christopher Bauder & Christian Perstl
Germany
2008
www.flare-facade.com

Flare is a modular system to create a dynamic façade for any wall or building. Acting like a living skin, it allows a building to express, communicate and interact with its environment.

Flare est un système modulaire qui apporte une surface d'apparence dynamique à tout mur ou édifice auquel il est appliqué. Agissant comme une seconde peau, il permet au bâtiment de s'exprimer, de communiquer et d'interagir avec son environnement.

Flare is een modulair systeem dat een dynamische gevel vormt voor elke muur of gebouw. Het functioneert als een levende huid en maakt het mogelijk dat de gevel van een gebouw communiceert met zijn omgeving.

THE PUBLIC

Alsop Architects & Flannery & de la Pole
West Bromwich, England
2008

www.alsoparchitects.com

The Public represents a new kind of arts building, a new way of experiencing art and a radical step forward in community architecture, born from the conviction that architecture can be a catalyst for regeneration and renewal. The building has been designed to accommodate an array of artistic, educational and community projects, as well as commercial activities.

The Public représente un nouveau type d'édifices artistiques, une nouvelle façon d'expérimenter l'art, une avancée radicale pour la communauté architecturale. Né de la conviction que l'architecture peut être un vecteur de régénération et de renouvellement, ce bâtiment a été conçu pour accueillir des projets artistiques, éducatifs et communautaires, ainsi que des activités commerciales.

The Public vertegenwoordigt een nieuw type kunststructuur, een nieuwe manier om kunst te ervaren. Het is een radicale stap voorwaarts in de architecturale wereld. Het gebouw is ontworpen - vanuit de overtuiging dat architectuur een katalysator kan zijn voor regeneratie en vernieuwing - om diverse projecten een plaats te geven: artistiek, educatief en communautair maar ook commercieel.

DUNA SOFA

Ora-Ito
Paris, France
2008
www.ora-ito.com

Bravo to the designer of these interiors! If white is usually re-
garded as the conceptual colour of minimalism, black not only
manages to transmit the same sensations but it adds a touch
of elegance. It seems that the expression "a place with class"
was thought up for this space.

Bravo au créateur de ces intérieurs ! Si le blanc est généralement
considéré comme la couleur conceptuelle du minimalisme, le
noir non seulement réussit à transmettre les mêmes sensations, mais il y ajoute une touche d'élégance. Rien à ajouter, le
rendu est tout simplement chic.

Applaus voor de ontwerper van deze interieurs! Waar wit nor-
maal gesproken gezien wordt als de conceptuele kleur van minimalisme, slaagt zwart er niet alleen in om dezelfde sensaties
over te brengen, maar weet het ook een vleugje elegantie toe
te voegen. Het lijkt erop dat de uitdrukking 'een plaats met
klasse' bedacht is voor deze ruimte.

GORENJE AMBIANCE

Ora-Ito
Paris, France
2008
www.ora-ito.com

"Simplicity, is the art of making complex things simpler." For its new exclusive collection, Gorenje called upon the designer Ora-Ïto. In approaching the world of kitchen design, Ora-Ïto perfectly conjugates luxurious lines and minimalist elegance. Breaking with the traditional schemata he brings together black glass and stainless steel. Solid stainless steel reflected in the black glass is a recurrent element and brings harmony to the range.

''La simplexité, c'est l'art de rendre simples les choses complexes''. Pour sa nouvelle collection, Gorenje a fait appel au designer Ora-Ïto. Abordant l'univers des cuisines, le designer a su conjuguer à la perfection lignes luxueuses et élégance minimaliste. Il rompt ainsi avec des schémas traditionnels, et associe judicieusement verre noir et inox. Principe récurrent sur tous les éléments, une poignée massive en inox se reflète dans le verre noir et apporte homogénéité à l'ensemble.

"Simplexiteit is de kunst om complexe dingen simpel te maken." Voor zijn nieuwe collectie met exclusieve vormgeving heeft Gorenje een beroep gedaan op de designer Ora-Ïto. In zijn benadering van het universum van de keuken heeft Ora-Ïto een volmaakte combinatie van weelderige lijnen en minimalistische elegantie gevonden. Hij breekt met de traditionele schema's en weet materialen als zwart glas en roestvrij staal te verenigen.

GEO SOFT

Ludovica & Roberto Palomba
Verona, Italy
2008
www.palombaserafini.com

Geo Soft takes up very little space, thanks to slim edges that run up and down the unit like a ribbon and define its shape while still holding a generous amount of water. Perfect for institutional uses, Geo Soft is designed to meet any space requirement without sacrificing comfort and architectural impact.

Cette somptueuse baignoire est capable de s'intégrer dans une petite surface grâce à son armature fine qui permet d'optimiser le volume d'eau. Parfait pour les usages institutionnels, Geo Soft est conçue pour faire coexister adaptabilité, confort d'utilisation et impact architectural.

Geo Soft neemt maar heel weinig ruimte in, dankzij de smalle randen die als een lint om het item heen lopen en zo de vorm bepalen. En toch met voldoende ruimte binnenin voor het water. Ideaal voor het gebruik in instellingen omdat Geo Soft ontworpen is om aan iedere vereiste qua ruimte te voldoen zonder in te boeten aan comfort en architecturale impact.

SILKEN PUERTA AMÉRICA

P. 44-45 Pictures taken in the floor designed by Zaha Hadid in Hotel Puerta América Madrid.
P. 46-47 Pictures taken in the floor designed byJean Nouvel in Hotel Puerta América Madrid.
P. 48-49 Pictures taken in the floor designed by Arata Isozaki in Hotel Puerta América Madrid.
Madrid, Spain
2005
www.hoteles-silken.com

Hotel Silken demonstrates the uniqueness of its hotels through design and architecture, bringing extra benefit to their determination to offer their guests maximum satisfaction. Silken Puerta America is where eighteen of the top architects and designers have been brought together for the first time to create a space that will inspire the imagination and awaken the senses of all its visitors.

Hotel Silken démontre le caractère unique de ses hôtels où design et architecture apportent une véritable valeur ajoutée, pour une satisfaction maximale des clients. Silken Puerta America est l'espace où, pour la première fois dans l'Histoire, dix-huit des plus grands architectes et designers ont été réunis pour créer un espace qui stimulerait l'imagination et éveillerait les sens de ses visiteurs.

Hotelketen Silken benadrukt het unieke karakter van haar hotels met behulp van ontwerp en architectuur, als toegevoegde waarde aan het besluit om maximale tevredenheid aan de klanten te bieden. In Silken Puerta America werden voor het eerst in de geschiedenis achttien toparchitecten en –ontwerpers samengebracht om een ruimte te creëren die de fantasie en zintuigen van alle bezoekers prikkelt.

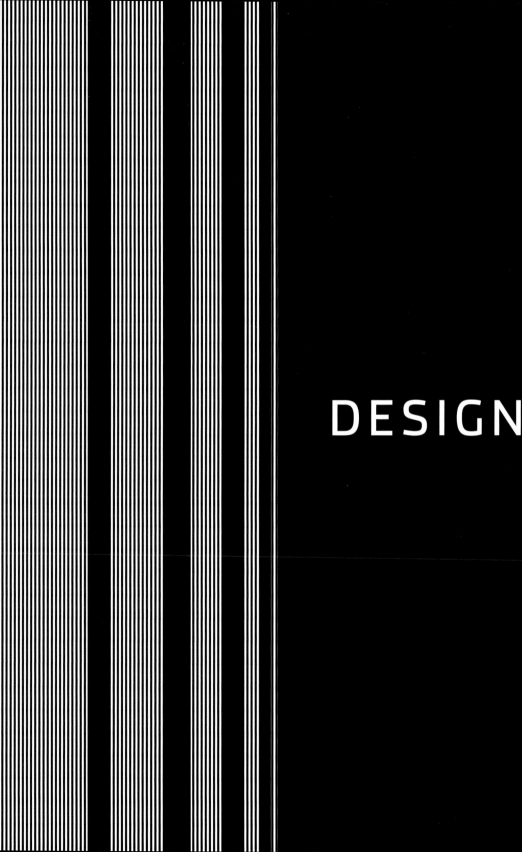

DESIGN

POOLS & POUF!

Robert Stadler
Paris, France
2004
www.robertstadler.net

Three-dimensional black shapes that jump out from every corner of the room, from the floor and walls... like parasites. Are they pieces of furniture, works of art, mutants? Here we are offered a domestic world without furniture, except poufs...black ones.

Formes tridimensionnelles vêtues de noir qui apparaissent aux quatre coins des pièces, poussent dans le sol et sortent des murs tels des parasites... S'agit-il de meubles, d'oeuvres d'art, de mutants ? C'est un univers domestique minimaliste qu'on nous propose ici, sans autres meubles que des poufs... des poufs noirs.

Driedimensionale, met zwart beklede vormen die uit alle hoeken van de kamer te voorschijn komen alsof het parasieten zijn: vanuit de vloer, vanuit de muren... Spreek je hier over meubels, kunstwerken, mutanten? Er wordt ons een huiselijke omgeving geboden, gezuiverd van enige vorm van meubels, alleen poefen... zwarte poefen.

DOMESTIC

Adrien Gardère
France
2008
www.domestic.fr

The exit. That light we can see at the end of a dark tunnel.
Is there a better way to represent this concept? We see how
light shines from the inside of an elephant, perhaps the darkest
place we could ever imagine. A piece of vinyl ideal for decorating any wall.

Une issue. Une lumière que nous percevons au bout d'un tunnel sombre. Existe-t-il une meilleure façon de représenter ce
concept ? En observant comment la lumière jaillit du postérieur
d'un éléphant, on se dit que c'est sans doute l'endroit auquel
on s'attendait le moins. Un accessoire en vinyle idéal pour vos
murs.

De uitgang. Het licht dat we kunnen zien aan het eind van een
donkere tunnel. Is er een betere manier om dit concept weer
te geven? We zien hoe licht uit het binnenste van een olifant
komt, misschien wel de donkerste plaats die we ons kunnen
indenken. Een stuk vinyl dat ideaal is voor het decoreren van
iedere muur.

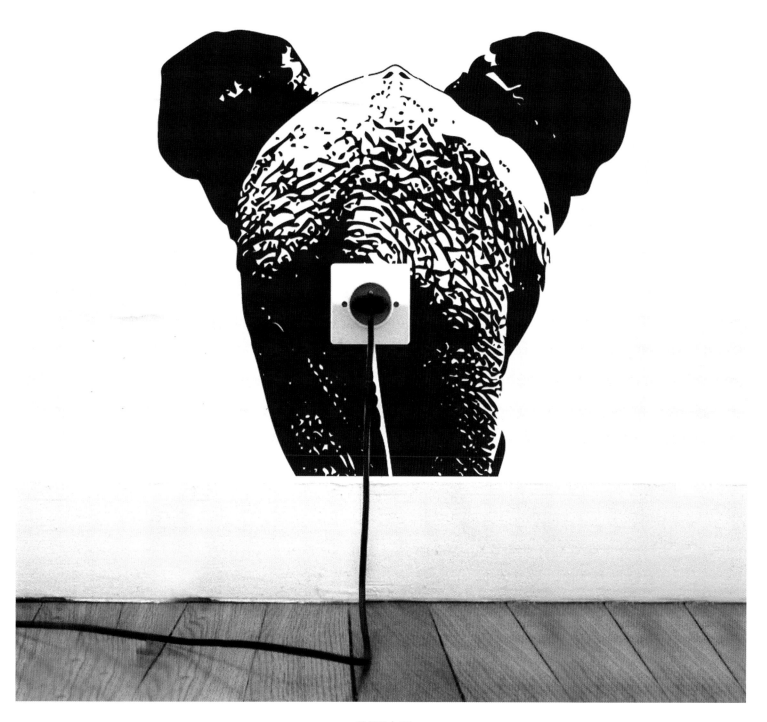

I see a red door and I want it painted black
No colors anymore I want them to turn black
I see the girls walk by dressed in their
summer clothes
I have to turn my head until my darkness
goes
Hmm, hmm, hmm...
I wanna see it painted, painted black

Black as night,
black as coal

ROLLING STONES "Paint it Black", 1966

ANIMAL THING

Front
The Netherlands
2006
www.moooi.nl

Who hasn't wanted to impress their guests with a pig that serves drinks or a horse that lights up the living room? This collection is made up of animals that you'll either love or hate. Fortunately, the fact they're black makes them relatively tolerable.

Qui n'a jamais voulu impressionner ses invités avec un cochon servant des boissons ou un cheval éclairant la pièce ? Cette collection est constituée d'animaux que l'on ne peut qu'adorer ou détester. Heureusement, leur couleur noire nous les rend un peu plus attachants !

Wie heeft nooit indruk willen maken op gasten met een varken dat drankjes serveert? Of met een paard dat de woonkamer verlicht? Deze collectie is gemaakt van zwarte dieren die je ofwel haat, ofwel aanbidt... Gelukkig maakt de zwarte verf ze relatief acceptabel.

OPULANT BOAT

Dylan Martorell
France
2008
www.domestic.fr

Dylan Martorell is an artist and musician based in Melbourne, Australia. Working in a variety of mediums from print and photography to costume, performance and sound, his work incarnates an artistic world apart, $2 shop of ethno exotica and stream of unconsciousness minimalism.

Dylan Martorell est un artiste et musicien installé à Melbourne, en Australie. Explorant de nombreux supports, de l'impression à la photographie, en passant par le costume, la performance et la musique, son travail s'inscrit dans un univers artistique singulier, mêlant Arte Povera, expression ''ethno-exotique'' dans une boutique à 2 $ et minimalisme inconscient.

Dylan Martorell is een artiest en muzikant, gevestigd in Melbourne, Australië. Hij werkt met een grote verscheidenheid van mediums, gaande van drukwerk en fotografie over kostuums, performantie en muziek. Zijn werk geeft gestalte aan de typische wereld van de Arte Povera of arme kunst, de goedkope ethnische winkel met exotische hebbedingetjes en een stroming van onbewust minimalisme.

VINYL HANGER

5.5 designers
France
2008
www.domestic.fr

5.5 designers is a design research office. Brought to attention in 2003 for the Réanim project, the rehabilitation of objects, 5.5 designers formed many connections with big companies (Arc, Ozé, Bernardaud, Galeries Lafayette...). They remain determined to propose alternatives to consumption whilst maintaining the concept of function and humour

5.5 designers est un cabinet de recherche et de consultants en design industriel. Remarqué en 2003 pour le projet ''Réanim'' (la médecine des objets), le studio créatif a depuis établi de nombreux partenariats avec de grandes maisons (Arc, Ozé, Bernardaud, Baccarat, Galeries Lafayette...). Plus que jamais, leur philosophie consiste à proposer des alternatives de consommation, sans sacrifier l'humour à la fonctionnalité.

5.5 designers is een research en adviesbureau voor industrieel design. Ze hebben naam gemaakt in 2003 met het Réanim project, geneeskunde voor objecten. Sindsdien gingen de 5.5 ontwerpers in zee met heel wat grote bedrijven (Arc, Ozé, Bernardaud, Galeries Lafayette...). Ze blijven vastberaden budgetvriendelijke alternatieven voor te stellen, zonder te raken aan het functionele en grappige concept.

POTATO QUEEN

Geneviève Gauckler
France
2008
www.domestic.fr

Silhouettes in amazing shapes? Since their appearance, silhouettes have always been black. The success of this pairing is due to the beauty of the forms they represent.

Silhouettes aux lignes incroyables ? Depuis leur apparition, ces petits personnages ont toujours été associés au noir. Bien sûr, leur succès s'explique également par l'esthétique de leurs formes.

Silhouetten met onwaarschijnlijke vormen? Sinds hun ontstaan zijn ze onlosmakelijk verbonden met hun partner: zwart. Hoewel gezegd moet worden dat het succes van die samenwerking ook te zoeken is in de esthetiek van de afgebeelde vormen.

MUSHROOM FLOOR LAMP

Simon Duff
Sydney, Australy
2001
www.simonduff.com

This mushroom, which is considered one of the 20 best Australian designs, represents the unity between sustainable design and the most revolutionary technology. A black mushroom comes out of the floor to light the path towards the reduction of our impact on the planet.

Ce champignon, considéré comme l'un des vingt plus célèbres objets de design australiens, associe une conception de "design durable" et la plus révolutionnaire des technologies. Un champignon noir surgit du sol pour éclairer la voie menant à la réduction de notre impact sur la planète.

Deze paddenstoel, die beschouwd wordt als een van de twintig beste Australische ontwerpen, geeft de eenheid weer tussen duurzaam ontwerp en revolutionaire technologie. Een zwarte paddenstoel die uit de grond schiet om het pad te verlichten dat leidt naar de minimalisering van onze ecologische voetafdruk op de planeet.

KU-DIR-KA

Paulius Vitkauskas
London, UK
2006
www.contraforma.com

Your body feels a chair... You lean back and expect stability... But you feel motion. A classic design in the futuristic style... The KU-DIR-KA rocking-chair...

Vous vous sentez sur une chaise... Pourtant, vous perdez le sentiment de stabilité en vous penchant en arrière : le balancier se met en marche... Vous êtes sur KU-DIR-KA, un fauteuil à bascule futuriste inspiré d'une référence classique.

Je lichaam voelt een stoel... Je leunt naar achteren en verwacht stabiliteit... Maar je voelt beweging. Een klassiek ontwerp in futuristische stijl... De KU-DIR-KA schommelstoel...

MAID CHAIR

Nika Zupanc
Ljubljana, Slovenia
2008
www.nikazupanc.com

Sit down and pay attention! You could not find a figure that is more fetishistic than the maid. Try looking for a colour that represents the same and you'll find nothing else but black. The result? A chair only suitable for fetishists.

Asseyez-vous et prêtez attention ! Impossible de trouver une forme plus fétichiste que celle de The Maid. Cherchez à présent l'unique couleur qui puisse lui convenir... Le noir ! Le résultat ? Une chaise à la mesure des plus fétichistes.

Ga zitten en let op! Probeer een figuur te vinden die fetisjistischer is dan het dienstmeisje. Het zal je niet lukken. Probeer een kleur te zoeken die hetzelfde weergeeft en je zult niets anders vinden dan zwart. Het resultaat? Een stoel die alleen past bij fetisjisten.

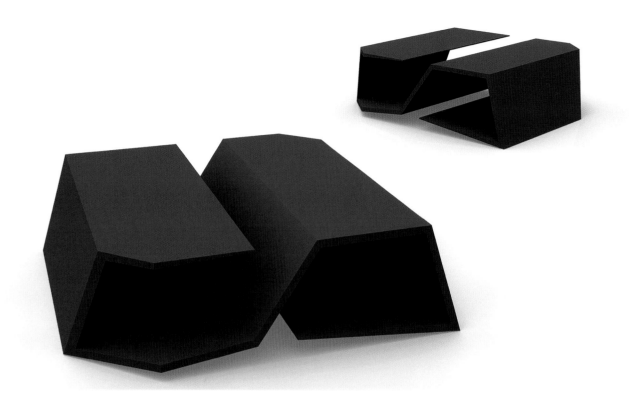

INFINITY

Romain Duclos
Paris, France
2008
www.rlos-design.com

Putting pragmatism aside, we are in the presence of an elegant and conceptual table. Black is also an elegant and conceptual colour. Thus, Infinity and black also have a profound similarity; the question is whether or not the table can also enter this equation.

En dehors de tout pragmatisme, nous pouvons affirmer que cette table est un objet élégant et abstrait ; tout comme l'est le noir. Infinity est ainsi en harmonie parfaite avec sa couleur ; reste à savoir si, oui ou non, le concept de table entre encore dans l'équation...

Schuif je pragmatisme even aan de kant in de aanwezigheid van deze elegante en conceptuele tafel. Zwart is ook een elegante en conceptuele kleur. Oneindigheid en zwart hebben een diepgaande gelijkenis. Het is de vraag of de tafel ook in deze vergelijking meedoet.

VERTIGO

Laura Aquili & Ergian Alberg
London, UK
2007
www.aquilialberg.com

The perception of movement applied to daily life. Only suitable for those people who want a table that mixes a small dose of dynamism with a large dose of conceptual abstraction (or at least that's what it says in its instruction manual). To summarise - dynamism, abstraction and black.

Accorder au mouvement une place dans le quotidien. Ce meuble ne convient qu'aux personnes qui souhaitent inviter à leur table une bonne dose de dynamisme et d'abstraction conceptuelle (c'est du moins ce qu'affirme le manuel d'instructions). En résumé : dynamisme, abstraction et noir.

De perceptie van beweging toegepast op het dagdagelijkse. Alleen geschikt voor wie een tafel wil met een kleine portie dynamiek en een grote dosis aan conceptuele abstractie (tenminste, dat is wat er gezegd wordt in de gebruiksaanwijzing). Kort samengevat: dynamiek, abstractie en zwart.

DONUTS

Dirk Wynants
Belgium
2004
www.extremis.be

The latest fashion on the beaches of Benidorm is now available for the home. And thanks to their black coating, we can place one of these donuts in the middle of the lounge with great discretion. Sometimes it can be surprising how much simple colour can add dignity to a space.

L'objet en vogue sur les plages de Benidorm se décline désormais en version domestique. Ces drôles de Donuts habillés de noir s'intègrent discrètement au milieu du salon. Surprenante couleur qui parvient à elle seule à sublimer un espace...

De laatste trend op de stranden van Benidorm is nu verkrijgbaar voor het huis. De zwarte bekleding maakt deze donuts geschikt om ze in het midden van de kamer te zetten. Het is soms heel verrassend hoe een eenvoudige kleur een ruimte kan opwaarderen.

LAMPE OZ

Romain Duclos
Paris, France
2008
www.rlos-design.com

We can turn it on and off. So far, it's a lamp like any other. The only thing that differentiates this sixties design is the use of the colour black, although it still retains its psychedelic characteristics.

Elle s'allume, elle s'éteint. Jusqu'à présent, c'est une lampe comme les autres. Seule sa couleur noire l'éloigne du design des sixties ; mais elle ne lui retire en rien sa nature psychédélique.

We kunnen hem aan- en uitzetten. Tot zover hebben we een lamp zoals andere lampen. Het enige wat het onderscheidt van een jaren '60-ontwerp is het gebruik van de kleur zwart. Hoewel, ondanks dit behoudt het de psychedelische kenmerken.

"beauty is not a substance in itself, but a play of chiaroscuros arising from the juxtaposition of the different substances that form the subtle play of the modulations of shade"

"just as a phosphorescent stone in the darkness loses all its fascinating sensation of being a precious jewel if it is exposed to daylight, beauty ceases to exist if the effects of shade are suppressed"

Junichiro Tanizaki,
"In Praise of Shadows"

NEO H410

Fabrice Berrux
Paris, France
2007
www.dixheuresdix.com

Only recommended for people who can appreciate all its qualities, NEO H414 is ideal for bringing a sober tone to the room. The strange paradox between its black colour and its function as a light shouldn't be a problem.

Seulement préconisé aux initiés qui peuvent apprécier toutes les nuances de ce modèle, NEO H410 est la lampe idéale pour donner un ton sobre à une pièce. Le tissu noir et l'intensité de l'éclairage se répondent harmonieusement.

Alleen aanbevolen voor mensen die de kwaliteiten van dit model kunnen waarderen. NEO H414 is ideaal voor het geven van een sober tintje aan de kamer. De vreemde paradox tussen de zwarte kleur en het gegeven dat ze licht geeft zou geen probleem mogen vormen.

RANDOM LIGHT

Bertjan Pot
The Netherlands
2001
www.moooi.nl

A design that powerfully evokes haute couture. Elegant, black, delicate and almost transparent. The decision to buy it is a matter of personal taste, but it is undeniable that this lamp was designed in good taste.

À l'évidence, le design de ce luminaire s'inspire directement de la haute couture. Élégance, noir léger et quasi-transparence... Qu'on ait ou non l'envie de l'acquérir, on ne peut rester insensible à l'indéniable bon goût de cette lampe.

Een ontwerp dat openlijk zijn inspiratie zoekt in de haute couture. Elegant, zwart, delicaat en bijna transparant. De beslissing om het al dan niet te kopen, hangt af van ieders smaak. Maar je kan niet ontkennen dat deze lamp met smaak ontworpen is.

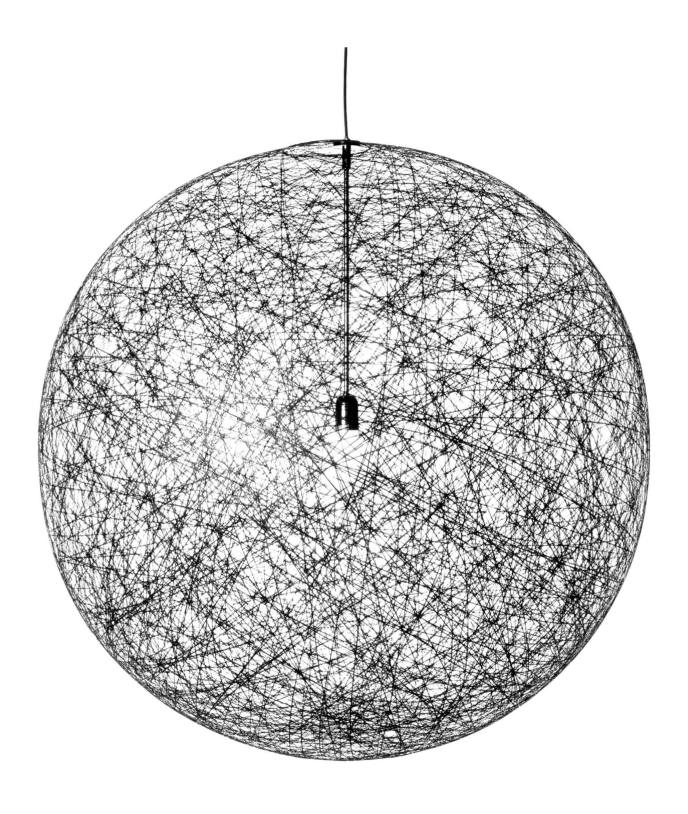

BIG BOLD

Roderick Vos
The Netherlands
2005
www.moooi.nl

The Menorah is for fashion victims. A flat, minimalist design, in black and equipped with five branches. Perhaps it's the colour that gives us the essence of this piece: more religious than retro.

Ce chandelier à cinq branches est LA menorah des ''fashion victims''. Un objet au design minimaliste dont la couleur noire révèle incontestablement sa filiation religieuse.

De Menorah is beschikbaar voor 'fashion victims'. Een minimalistisch en vlak ontwerp, in zwart en uitgerust met vijf armen. Misschien geeft de kleur ons het gevoel dan dit stuk meer religieus dan retro is.

COATPEG

Big-game & Adrien Rovero
Lausanne, Switzerland
2005
www.big-game.ch

Generally speaking, a coat peg is an unobtrusive object. Far from its traditional role, this inventively designed object is inspired by the cameos and the black paper silhouettes typical of the 18th century.

En général, une patère de manteau est un objet discret. Loin de son rôle traditionnel, cet ustensile de caractère fait allusion aux cameos ou aux silhouettes en papier noires typiques du 18ème siècle.

Over het algemeen is een kapstok een bescheiden object. In tegenstelling tot zijn traditionele rol verwijst dit karakteristiek ontworpen object hier naar de cameeën en de zwarte papieren silhouetten die kenmerkend zijn voor de 18e eeuw.

THE TREE

Eero Aarnio
Milan, Italy
2008
www.eero-aarnio.com,
www.martela.com

The Tree is a space divider designed by Professor Eero Aarnio to be unveiled at the Milan Furniture Fair. Intended for restaurants and other public spaces, the Tree is also a sculpture, and will surely find its way into private homes. The Tree is made of recyclable polythene.

The Tree est une cloison conçue par le Professeur Eero Aarnio pour le Salon du Meuble de Milan. Destiné aux restaurants et espaces publics, cet objet réalisé à base de polyéthylène recyclable trouvera également sa place dans un intérieur privé.

De Boom is een scheidingswand, ontworpen door professor Eero Aarnio voor de Meubelbeurs van Milaan. De Boom is bestemd voor restaurants en andere publieke plaatsen, maar is tevens een kunstwerk en zal zeker ook zijn weg naar de privésfeer vinden. De Boom is gemaakt van recycleerbaar polyethuleen.

SOUTH BEACH

Christophe Pillet for Tacchini
Milan, Italy
2006
www.tacchini.it

Party-urban chairs. They look ideal for drifting away with a cocktail on the beach, and their colour is ideal for an urban apartment. Recommended for all those who want to make an elegant, but at the same time, informal impression.

Les chaises Party-Urban ont un look idéal pour s'évader le temps d'un cocktail au bord de la plage. Grâce à leur design et leur couleur, elles conviennent également parfaitement à un appartement en ville. Un objet pour ceux qui souhaitent voguer entre élégance et nonchalance.

"Party-urban" stoelen . Een look die ze ideaal maakt om er in weg te dromen aan de rand van het water, met een cocktail in de hand. Maar evengoed mede door hun kleur bijzonder ge- schikt in je duplex appartement midden in de stad. Een aanra- der voor iedereen die een elegante, maar tegelijk ook informele indruk wil geven.

YOU AND ME SOFA

Gweanel Nicolas for Machine Age
Tokyo, Japan
2005
www.curiosity.jp

In a very Mickey Mouse style, it presents a 'non-serious' concept. This sofa explicitly reveals the reason for its design, which
due to its lack of practicality, is its originality.

Dans un style très Mickey Mouse, ce canapé affiche sans
complexe son originalité : être conçu exclusivement pour sa
"valeur objet", détaché de tout souci de fonctionnalité.

De sterk aanwezige Mickey Mouse look benadrukt het ludieke
aspect. Deze sofa wekt bij ons nadrukkelijk de suggestie waar-
voor hij ontworpen is. Het gebrek aan hanteerbaarheid wordt in
ieder geval goedgemaakt door de originaliteit.

INTERSECT SOFA

Gweanel Nicolas for Arti
Tokyo, Japan
2007
www.curiosity.jp

The "intersect Series" was created for Hotel Lobbies. It's a system of sofas with an intersection between seat and back. This space integrates a system that enables different configurations to insert side tables. The different tables can be inserted on the side or at the back of the sofa.

La gamme Intersect a été créée pour l'hôtel Lobby. Il s'agit d'un système de canapés modulables qui permet d'insérer des tablettes aux extrémités, dans le prolongement ou de côté, pour une grande souplesse d'utilisation.

De "intersect serie" werd speciaal ontworpen voor de hotel lobby: een sofasysteem met open ruimte tussen de zitting en de rugleuning. Deze ruimte laat toe met een geïntegreerd systeem verschillende bijzettafels in te steken. De tafel kan aan de zijkant worden geplaatst, maar ook aan de achterkant.

SPIDER SOFA

Gweanel Nicolas for Tag Heuer Shop
Tokyo, Japan
2001
www.curiosity.jp

Would it be preposterous to enquire about the comfort of such an object? If we searched, we would surely find someone capable of sleeping on it. In any case, here the colour black does not lessen the extravagance of the proposal.

Sans doute est-il absurde de s'interroger sur le confort d'un tel objet. En cherchant bien, il doit exister quelqu'un capable de s'y assoupir. Quoiqu'il en soit, la couleur noire ne parvient pas à estomper l'audace de ta proposition.

'De vraag lijkt behoorlijk overbodig en absurd of zo'n kunstwerk comfortabel is? Natuurlijk, als je lang genoeg zoekt, zal je wel iemand kunnen vinden die erop kan slapen. In ieder geval slaagt de zwarte kleur er hier niet in om de extravagantie van het voorstel af te zwakken.

SEA-URCHIN

Studio OOOMS & Rachel van Outvorst
The Netherlands
2005
www.oooms.nl

Here is a collection of handmade products. The result of a great deal of patience they reveal beautiful, innovative structures, which could only be the work of an enthusiast. The Sea-Urchin is made of 8000 cable-ties.

Voici une collection d'objets faits main. Le fruit de ce travail de passionné se trouve dans la réalisation de magnifiques structures totalement inédites. Cet "oursin de mer", par exemple, nécessite la combinaison de 8000 câbles.

Dit is een collectie van handgemaakte producten. Ze brengt ons heel wat bij over prachtige vernieuwende structuren, zoals die alleen kunnen ontstaan uit het gepassioneerde monnikenwerk van een enthousiasteling. De Sea-Urchin is gemaakt van 8000 kabelbinders.

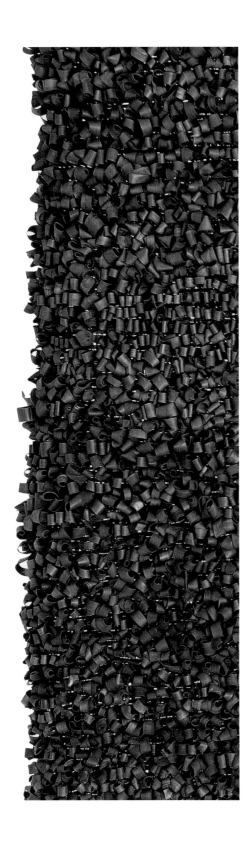

BICICLETA

Nani Marquina & Ariadna Miquel
Barcelona, Spain
2004
www.nanimarquina.com

An urban style rug that is made using recycled material. Ideal for ecologically minded people who have a taste for design.

Composé intégralement de matériaux urbains recyclés, ce tapis est idéal pour ceux qui se soucient tant d'environnement que de design.

Een tapijt met stedelijke reminiscentie, volledig gemaakt van gerecycleerd materiaal. Ideaal voor eenieder die zich ecologisch opstelt én van design houdt.

NOCHE

Nani Marquina
Barcelona, Spain
2006
www.nanimarquina.com

In darkness, it is shade that makes the difference. The Noche collection uses high-quality, hand-knotted techniques and jute. Simplicity is the defining characteristic of this collection that, by using jute, is able to play with different tones and create a dynamic shading effect.

Les ombres se jouent de l'obscurité. C'est de ce constat qu'est née la collection Noche. Entièrement réalisés à la main, des noeuds en toile de jute apportent au vêtement une simplicité extrême. Le choix de ce textile permet de créer une infinie variation d'ombres, qui s'estompent de manière dynamique.

In de duisternis maken schaduwen het verschil. De Noche colectie maakt gebruik van technieken van hoge kwaliteit en handgeknoopte jute. De collectie wordt gekenmerkt door haar eenvoud die het net door het gebruik van jute mogelijk maakt om met verschillende tinten te spelen en daardoor een dynamisch effect doet ontstaan.

CARMEN

Nani Marquina
Barcelona, Spain
2004
www.nanimarquina.com

There is a very special form of beauty that can only be seen in a crowd, when demonstrated by just one person. This collection has been born out of the search for a single motif, continuously repeated. This is why the polka-dot has been chosen, a choice both audacious and discrete thanks to the combination of the two tones which characterise each model.

Il existe une forme très spéciale de beauté qui ne peut être perçue qu'au milieu d'une foule. Cette collection est le résultat de la recherche d'un motif simple constamment répété. Le point de polka s'est imposé par combinaison aérienne de deux tons différents. Un principe audacieux et sensible, qui peut être décliné sur différents modèles.

Er bestaat een heel specifieke vorm van schoonheid, namelijk degene die alleen in massa voorkomt, daar waar die massa een geheel vormt. Deze collectie is ontstaan uit de zoektocht naar een eenvoudig motief in constante herhaling. Het resultaat was de Polka-dot, in een gedurfde en tegelijk discrete vorm dankzij de combinatie van twee kleurtonen die eigen is aan elk model.

BUNCH FLOWER VASE

Naoto Fukasawa for B&B Italia
Novedrate, Italy
2005
www.bebitalia.com

With a little imagination we'll find the ideal place to put this decorative object and its method of exhibiting a still life. A concept for the observant among us.

Un peu d'imagination suffira pour trouver l'endroit idéal où poser cet objet de manière à révéler sa parenté avec les natures mortes. Un concept subtil pour observateurs avertis.

Met een klein beetje fantasie zullen we de ideale plaats voor dit decoratieve object vinden en op deze manier zijn stilleven tentoonstellen. Een conceptueel kernpunt dat alleen beschikbaar is voor zij die goed kijken.

MOON SYSTEM

Zaha Hadid for B&B Italia
Novedrate, Italy
2007
www.bebitalia.com

A sofa with futuristic aspirations. It's not easy to accommodate furniture with these characteristics, but if the finish is good, and it usually is, it is at least an interesting experience.

Il n'est pas toujours facile d'intégrer dans un intérieur un meuble d'inspiration aussi futuriste que ce canapé. Néanmoins, lorsque l'objet est réussi, c'est une expérience intéressante.

Een futuristisch geïnspireerde sofa. Het is niet altijd gemakkelijk om een dergelijke opvallend meubel een plaats te geven. Maar als het resultaat goed is – wat meestal ook het geval is – is het op z'n minst een unieke interessante ervaring.

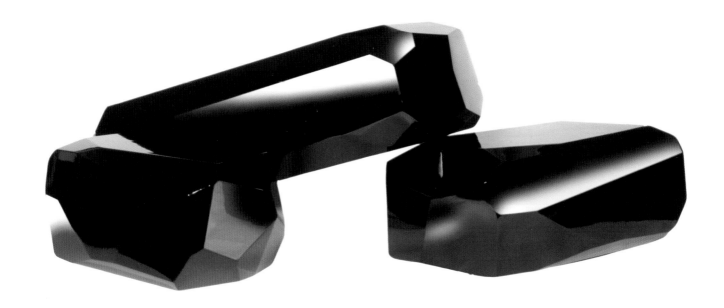

METEOR LIGHT

Arik Levy for Serralunga
Biella, Italy
2005
www.serralunga.com

Ideal for all those who want to have a little black Kryptonite in their lounge. Also recommended for all those who enjoy decorating their lounge with volcanic rocks they have collected on their travels. They're certainly not real but they're beautiful.

Meteor Light est l'objet idéal pour qui a toujours rêvé de posséder une kryptonite noire dans son salon, ou qui collectionne les roches. Une pierre taillée fausse, mais tellement esthétique.

Ideaal voor iedereen die een kleine zwarte kryptoniet in de kamer wil. Ook aanbevolen voor wie graag de woonkamer decoreert met vulkanisch gesteente dat tijdens verschillende reizen verzameld werd. Deze stenen zijn zeker niet authentiek, maar dat wordt ruimschoots goedgemaakt door hun esthetisch voorkomen.

HADID NERO

Zaha Hadid for Serralunga
Biella, Italy
2007
www.serralunga.com

This sinuously shaped pot, whose appearance varies depending on the angle from which you look at it, is made of polythene and comes in four different versions, lacquered or with light, and either one metre twenty or two metres high. In addition, being black it will fit any location or room, although its design means that it's bound to be destined for a luminary location.

Ce vase aux formes sinueuses, dont l'apparence varie suivant l'axe de vue, est fabriqué en polyéthylène et proposé en deux versions différentes, laqué ou luminescent, ainsi que dans deux formats distincts : un mètre vingt et deux mètres de haut. Sa couleur noire lui permet de s'intégrer n'importe où, mais un endroit lumineux mettra davantage en valeur son design.

Deze pot met een kronkelende vorm, verschillend afhankelijk van het gezichtspunt, is gemaakt in polyethyleen in vier versies, gelakt of met licht, en 1.20 en 2.00m hoog. De zwarte kleur maakt het geschikt voor integratie in elke locatie of ruimte, maar het ontwerp komt het best tot zijn recht in een lichte omgeving.

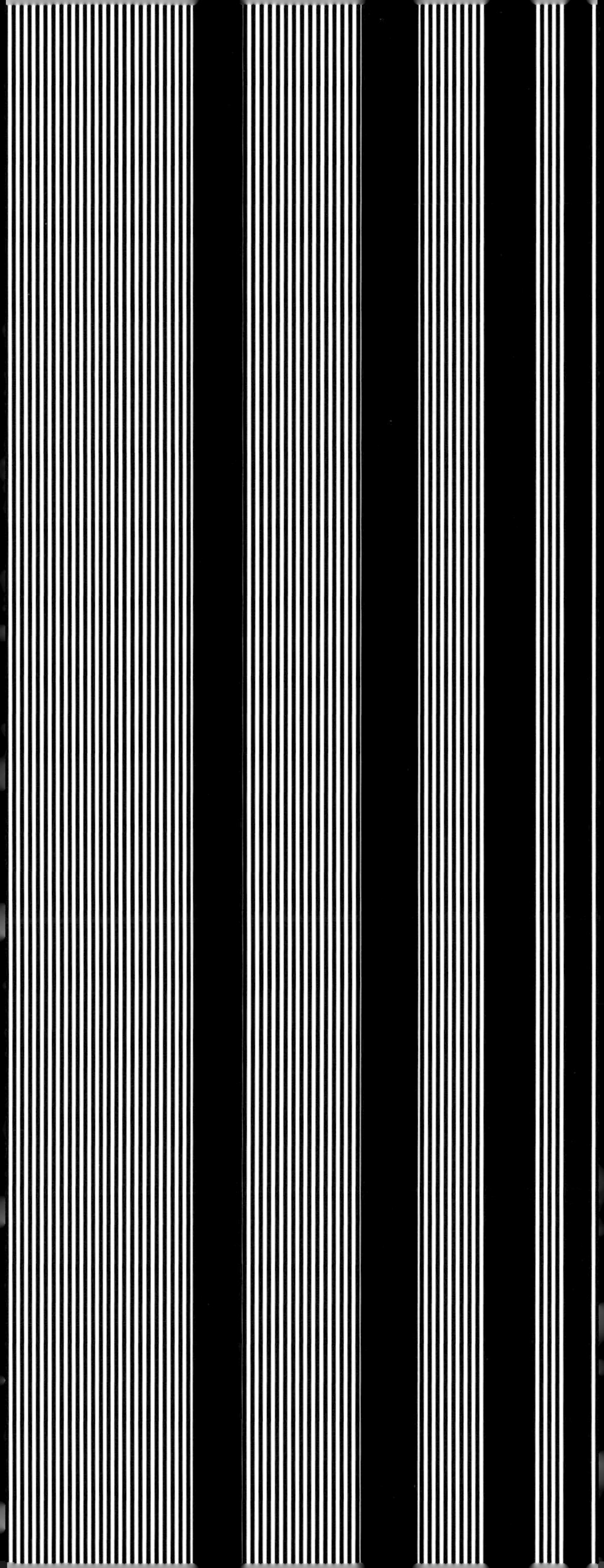

HIGH TECH

360º

Francesco Sommacal
Italy
2007
www.zerofra.com

Dedicated to 21st century skaters, this new concept moves away from the simplicity and philosophy of the urban skater and tends towards a more cyberpunk vision. A new century, a new way of seeing the customs we've left behind.

Dédicacé aux skateurs du 21ème siècle, ce nouveau concept s'éloigne certainement de la simplicité propre à la philosophie "urbaine", au profit d'une vision plus "cyberpunk". Un nouveau siècle, une nouvelle interprétation des pratiques.

Hoewel dit ontwerp opgedragen is aan de skaters van de 21ste eeuw, is de kloof met de eenvoud en de filosofie van de stedelijke skaters groter en neigt het meer naar een cyberpunkvisie. Een nieuwe eeuw, een nieuwe visie op de achterhaalde gewoontes.

TETRIS

Lysandre Follet for Nixon
Japan
2007
www.minigorille.com

The classics always come back around, although this time in the shape of watches in black packaging. In this object, we have two timeless classics: Tetris and Black.

Les classiques perdurent. Sous la forme d'une montre sobre et moderne, Tetris s'offre une nouvelle vie, sublimé de noir.

De klassiekers komen altijd weer terug. Dit keer in de vorm van een horloge in een zwarte verpakking. Zie hier twee tijdloze klassiekers: Tetris en Zwart.

ICARE

Enzyme Design
Montreuil, France
2008
www.enzyme-design.com

A black Harley Davidson or Triumph is filled with a sense of danger. The only danger associated with this motorbike is that it will appear in the next Akira or Batman film.

Habillée de noir, une Harley Davidson ou une Triumph évoque le danger. La seule chose à craindre avec cette moto futuriste est qu'elle apparaisse dans le prochain Batman ou la prochaine adaptation d'Akira.

Een Harley Davidson of een Triumph in het zwart geven een gevoel van gevaar. Het enige gevaar met deze motorfiets is als hij gebruikt wordt in de volgende Batman of Akira film.

DODGE VIPER SRT10 CONVERTIBLE OR HARDTOP COUPE

Hennessey Perfomance
Sealy, USA
2008
www.hennesseyperformance.com

This is the new version of the classic Dodge and as ever, they know how to create a sense of danger. This vehicle seems to have a life of its own, it's as if it will leap on us at any moment. Easily a candidate for the next Batmobile or Knight Rider.

Nouvelle version du classique Dodge, la Viper SRT10 conserve l'incomparable expression de danger qui a fait ses beaux jours. Ce véhicule, candidat évident pour incarner la Batmobile ou la Knight Rider, semble animé et capable de bondir sur nous à n'importe quel moment.

Een nieuwe versie van de klassieke Dodge. Net als altijd heeft men het een gevoel van gevaar weten vast te houden. Het lijkt alsof dit voertuig een eigen leven leidt en ieder moment op ons kan springen. Een goede kandidaat voor de Batmobiel of voor Knight Rider.

I-WAY

Cyrille Druart
Lyon, France
2008
www.i-way.fr

This exclusive building is entirely dedicated to automobile simulations (simulator technology offering 6 degrees of freedom inspired by the aeronautics industry), for the first time providing the public with access to eighteen machines. Organised into 3 simulation zones (Formula 1, Endurance, Rally/Touring), the complex also includes numerous upmarket areas for a total experience: fitness room, alcohol-free bar, bar/restaurant lounge with terraces, two conference rooms, meeting rooms and offices.

Entièrement consacré à la simulation automobile, ce bâtiment met pour la première fois dix-huit machines à disposition du public. Directement inspiré de l'industrie aéronautique, ce simulateur offre six degrés de liberté, organisés autour de trois axes de simulation : Formule 1, Endurance et Rallye / Tourisme. Le complexe comprend également de nombreuses zones haut de gamme pour une expérience globale : salle de fitness, bar sans alcool, restaurant avec terrasse, salon, salles de conférences et bureaux.

Dit exclusieve gebouw is volledig gewijd aan autosimulaties (een simulatietechnologie die zes niveaus van vrijheid biedt, geïnspireerd door de luchtvaartindustrie) en geeft het publiek voor de eerste keer toegang tot achttien machines. Deze machines zijn ondergebracht in drie simulatiezones (Formule 1, Uithoudingsvermogen, Rally/Touring). Het complex omvat ook diverse ruimtes met producten uit het luxesegment om de ervaring compleet te maken: een fitnessruimte, alcoholvrije bar, bar/restaurant met terras, een zithoek, twee kantoorruimtes – vergaderzalen.

A collapsed star is known as a "BLACK HOLE". This term is metaphorical however, because few properties of objects or BLACK voids apply to BLACK HOLES.

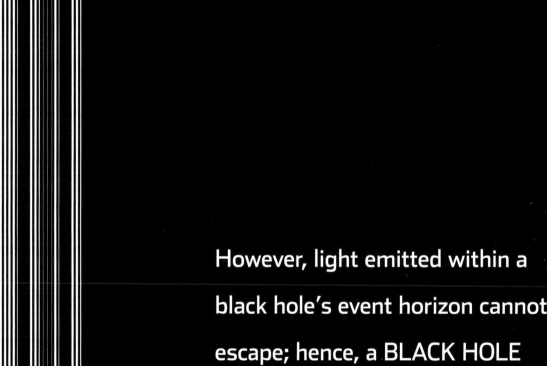

However, light emitted within a
black hole's event horizon cannot
escape; hence, a BLACK HOLE
cannot be directly observed.

INFINITY

Pierre-Alexandre Merlet
Biarritz, France
2007
www.coroflot.com/browndesign

The concept of the Infinity is to share different types of information with other users: mp3, photos, video, documents.
You can select information using the touch screen. The best
thing is that this watch can be used to share and exchange
information as well as just to contact other Infinity users.

Infinity se présente sous la forme d'une montre qui permet de
partager avec d'autres utilisateurs différents types de fichiers :
MP3, photo, vidéo, documents... Il suffit pour cela de faire sa
sélection à l'aide de l'écran tactile. Amovible, le dispositif est
également convivial, car il donne l'occasion d'entrer en contact
avec les autres initiés.

Het concept van Infinity is het delen van verschillende soorten
informatie met andere gebruikers: mp3, foto, video of documen-
ten. U kan uw keuze maken met het touchscreen. Het meest
bijzondere van alles is dat het horloge gebruikt kan worden voor
het uitwisselen van informatie en om eenvoudigweg contact te
zoeken met andere gebruikers van de Infinity.

NX-A01

Yamaha
Yamanashi Prefecture, Japan
2007
www.yamaha.com

It's very common to find black hi-fi systems and speakers. Yamaha (a well-known manufacturer) has long since learnt its lesson. It wouldn't be sensible to change a classic colour, since just a few brushstrokes of another colour is enough to give an entirely different style.

Il est fréquent de trouver des enceintes ou autres systèmes hifi intégralement noirs. Yamaha a bien retenu la leçon : inutile d'altérer l'efficacité d'une couleur classique par l'usage d'un autre coloris susceptible de corrompre l'harmonie de l'ensemble.

Het is gebruikelijk dat speakers en andere HiFi elementen zwart zijn. Yamaha (een bekende fabrikant) heeft al lang zijn les geleerd. Het zou niet erg verstandig zijn om een beproefd concept te wijzigen als je weet dat toevoegen van kleur aan zwart stijlbreuk zou veroorzaken.

iSPIN

Sergio Spin
France & Taiwan
2008
www.sergiospin.com

There have always been two models of ipod: the traditional white ones and those in black (or the U2 model in red and black). As far as the mixing desk for this marvellous piece of technology was concerned, the black fanatics have had to wait for their version (for a DJ a black iPod in a white mixer doesn't go). Anyway, here, black is absolutely the best solution.

Deux modèles d'iPod se côtoient depuis toujours : le blanc, classique, et le noir (à l'exception de la série limitée U2, rouge et noire). Dès lors qu'il fut question d'une table de mixage reliée à ces merveilleux appareils, les fanatiques du noir ont dû attendre pour être servis (impensable pour un DJ d'accorder un iPod noir avec une table de mixage blanche). Car dans l'univers de la musique, le noir reste la seule valeur de référence.

Er zijn altijd twee ontwerpen geweest voor iPods: het klassieke wit en de zwarte (of het rood met zwarte U2-model). Zodra er een nieuwe mengtafel op de markt komt van dit fantastische apparaatje moeten de fanatiekelingen altijd enige tijd wachten op hun zwarte versie (een DJ met een zwarte iPod op een witte mengtafel kan natuurlijk niet. In alle gevallen is zwart hier de meest gepaste kleur.

TOKYOFLASH
WATCHES

Tokyoflash Japan
Okinawa-Ken, Japan
2008
www.tokyoflash.com

Unique, cool, LED, LCD and analogue watches direct from Japan. Cutting edge technology dressed in black brings a touch of elegance to these watches. By using other colours, they have created a more futuristic design but at least in black they can be worn on a daily basis with a certain amount of discretion.

Uniques, cools, ces LED, LCD et montres analogiques sont en provenance directe du Japon. La pointe de la technologie se vêt de noir pour apporter une touche d'élégance à ces montres. Dans d'autres couleurs, elles offrent un design plus futuriste ; en noir, elles gagnent en sobriété et peuvent aisément être portées au quotidien.

Horloges rechtstreeks uit Japan : cool, uniek, LED, LCD, en dergelijke meer. De high tech uitvoeringen van deze horloges zijn zwart, om een extra toets elegantie mee te geven. Door het gebruik van andere kleuren wordt het design futuristischer, maar in het zwart kunnen de horloges tenminste dagelijks met enige discretie gedragen worden.

11

GRO design & Tim modelmakers
Milan, Italy
2008
www.eleventhegame.com

For many of us, table football is a game that is close to our hearts, reminding us of our childhood and youth. Its popularity also reflects the passion and love that millions of people around the world share for "the beautiful game" of football.

Pour nombre d'entre nous, le baby-foot est un jeu familier qui nous rappelle bien des souvenirs d'enfance et de jeunesse. Sa popularité reflète également la passion que des millions de personnes dans le monde partagent pour ce formidable sport qu'est le football.

Voor velen van ons is tafelvoetbal een familiespel dat ons nauw aan het hart ligt door de vele herinneringen aan onze kindertijd die er mee verbonden zijn. De populariteit van het spel geeft ook de passie en liefde weer die miljoenen mensen over de hele wereld delen voor 'het prachtige spel' van voetbal.

JBL SPOT

JBL, Inc.
Northridge, USA
2006
www.jbl.com

If for some taking advantage of the perks and benefits that new technology offers us is complicated, it can always be left on the table as if it were a mere decorative object. A two-in-one, whose double function is in large part down to the aesthetic power of black.

S'il paraît trop compliqué à certains de tirer profit de la technologie dont relèvent ces enceintes, elles peuvent toujours être laissées sur la table à titre purement décoratif. Un deux-en-un qui fonctionne en grande partie grâce à la charge esthétique dégagée par le noir.

Als het voor sommigen al moeilijk is om de voordelen te zien van wat nieuwe technologie ons biedt, kan je de objecten ook als decoratief element op de tafel achterlaten. Een twee-in-een die zijn dubbele functie voornamelijk dankt aan de esthetische waarde van het zwart.

BOMB USB

Joel Escalona

Mexico DF, Mexico

2008

www.joelescalona.com

We hope that this USB device doesn't blow up when it's full. If anyone has tried it, could they reassure us? At least its naïve touch allows us to appreciate its implicit humour. The link between black and "naivety" is also refreshing. Could any other colour be considered as conceptually versatile?

Espérons que cette clé USB n'explose pas une fois qu'elle est pleine ! Quelqu'un pourrait-il nous rassurer ? Ici s'affirme un lien peu souvent usité, qui impose le noir comme vecteur d'humour et de naïveté. Cette démarche, véritablement rafraîchissante, mérite d'être soulignée. Une autre couleur saurait-elle offrir une telle polyvalence ?

We hopen dat dit usb-geheugen niet ontploft als de beschikbare ruimte gevuld is. Misschien kan iemand die het al geprobeerd heeft ons gerust stellen? Dat vleugje naïviteit zorgt er in ieder geval voor dat we de impliciete humor ervan kunnen waarderen. De link die hier gelegd wordt tussen de kleur zwart en 'naïviteit' is verfrissend. Zou elke andere kleur even polyvalent zijn?

FASHION

JOSEP ABRIL

Josep Abril
Barcelona, Spain
2007
www.josepabril.com

A trace of what has happened through time or by chance. That
which was born from what had already died. The changes, the
insecurity, the beauty of the other side.

La trace de ce qui est passé, effet du temps, fruit du hasard.
Ce qui est né des cendres. Les changements, l'insécurité, une
autre facette de la beauté.

Het spoor van wat er is gebeurd, doorheen de tijd of door het
lot. Dat wat geboren is uit wat eerder gestorven is. De verande-
ringen, de onzekerheid, de schoonheid van de andere kant.

KLAVERS VAN ENGELEN

Klavers Van Engelen
Amsterdam, The Netherlands
2007
www.klaversvanengelen.com

Their couture creations turned out to be highly collectable for fashion "aficionados" around the globe and the art world leapt at the chance to add fashion to their vocabulary.

Les créations de Klavers Van Engelen ont rapidement conquis les amateurs de mode du monde entier. L'univers de l'art, quant à lui, y a puisé une source d'inspiration et un nouvel espace d'expression.

Hun creaties vielen al gauw in de smaak bij modeliefhebbers over de hele wereld. De kunstscene maakte van de gelegenheid gretig gebruik om mode ook in haar wereld een plaats te geven.

BRAZALETE CLASSIC

Banda de Rodadura
Barcelona, Spain
2003
www.bandaderodadura.com

100 % Rubber recycled from bicycle, car and truck inner tubes, converted into magnificent jewellery with a histrionic design.

À base de caoutchouc 100% recyclé issu de chambres à air de bicyclettes, de voitures et de camions, ces magnifiques bijoux s'ornementent d'un design historique.

Honderd procent gerecycleerd rubber van binnenbanden van fietsen, auto's en vrachtwagens, omgetoverd tot fantastische juwelen met een theatraal ontwerp.

Fashion Trendy Cool Fashion Trendy Cool Fashion Trendy Cool Fashion Trendy Cool Fashion Trendy Cool Fashion Trendy Cool Fashion Trendy

JOSEP FONT

Josep Font
Barcelona, Spain
2007
www.josepfont.com

Dream-like designs that evoke past times. Creations with much personality that are modelled on Parisian haute couture. Black is mastered in the shapes and the evocative details that only a few people are capable of imagining.

Traversées de chimères qui réveillent le souvenir de temps révolus, ces créations, inspirées de la haute couture parisienne, sont particulièrement expressives. La maîtrise du noir apparaît au travers de formes et de détails évocateurs, qui ne peuvent être le fait que d'une remarquable imagination.

Design uit een droomwereld die het verleden oproept. Creaties met sterke persoonlijkheid, geïnspireerd op de Parijse haute couture. Zoals het zwart hier toegepast wordt in de vormen en suggestieve details, getuigd van een beheersing die slechts enkelen kunnen vatten.

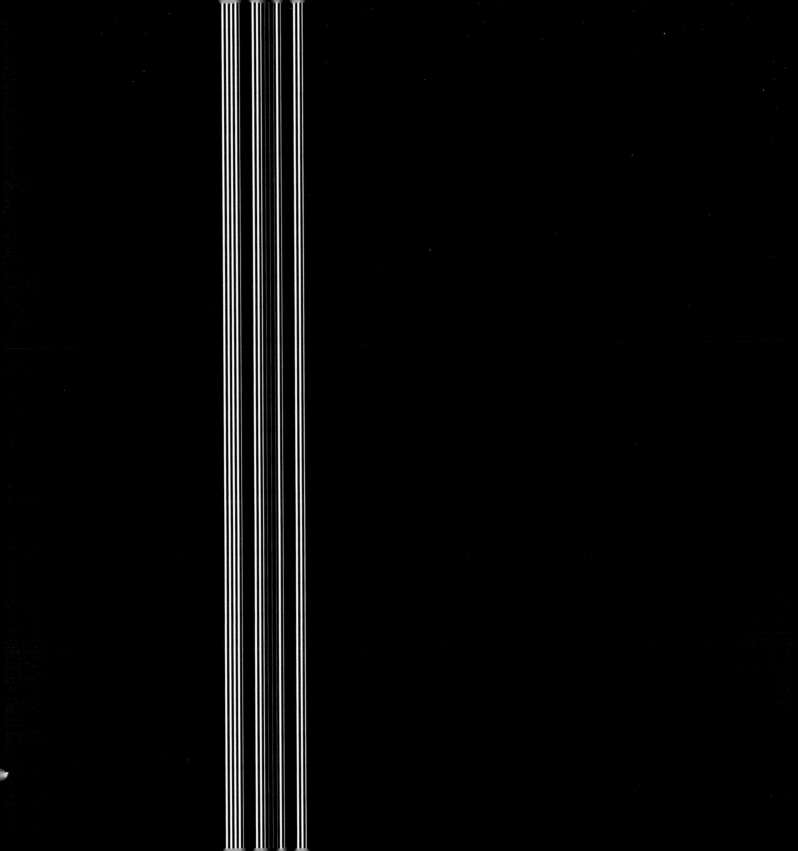

We only said goodbye with words
I died a hundred times
You go back to her
And I go back to

BLACK
BLACK
BLACK

AMY WINEHOUSE "Back to Black", 2006

MUTANT
NIKE SLIP-ON
LIGHT AS AIR

Josh Spear, Lysandre Follet for Nike
USA, The Netherlands
2008
www.minigorille.com
www.nike.com

Black has long been considered the colour of anarchy. The fol-
lowers of this intellectual movement usually dressed in black,
nothing but black. Nowadays everyone in the world dresses in
black, everyone is able to, without any ideological message.
Just enjoy it.

Longtemps, le noir fut la couleur de l'Anarchie. Les adeptes de
ce mouvement s'habillaient généralement en noir de la tête aux
pieds. Aujourd'hui, chacun s'habille de noir sans pour autant
relayer une quelconque idéologie. ''Just enjoy it'' (profite).

Zwart werd lange tijd gezien als de kleur van anarchie. De aan-
hangers van deze intellectuele beweging kleden zich meest in
het in zwart, en alleen in het zwart. Tegenwoordig draagt iedereen zwart, het is aanvaard voor iedereen, zonder enige verwijzing naar een of ander ideologisch gedachtengoed. 'Geniet er
gewoon van'.

ALEXIS MABILLE

Alexis Mabille
Paris, France
2008
www.alexismabille.com

Playing with time, Alexis Mabille mixes and matches genres with lightness but determination. Social conventions are turned upside down and sometimes disregarded, revealing unusual combinations of materials. Fragile translucent effects and edgings are combined with starch cottons, heavy weight wools, and sensual furs. To energize today style, Alexis evokes military stiffness, uniforms, sport wear and bourgeois basics and mixes them with the excesses

Puisant son inspiration dans différentes époques, Alexis Mabille mélange les genres avec clarté et détermination. Les conventions sociales sont toujours détournées, parfois ignorées, produisant de surprenantes combinaisons de matières. Les textiles translucides, fragiles, sont associés à des cotons d'amidon, des laines épaisses ou des pelages sensuels. Pour stimuler son style, le couturier mêle la raideur d'uniformes militaires à des vêtements sportifs, à des basics bourgeois et aux excès du chic du Second Empire français.

Spelend met de tijd combineert en mengt Alexis Mabille sexe met op een duidelijke en vastbesloten manier. Sociale conventies worden op hun kop gezet of soms gewoonweg genegeerd door zeer ongewone combinaties van materialen. Kwetsbare transparante effecten en passementen worden gecombineerd met stijf katoen, zware wol en sensueel bont. Om die stijl nog een extra stimulans te geven, grijpt Alexis terug naar de stijfheid van militaire uniformen, sportoutfits, en de typische bourgeoisie en mengt deze met de uitspattingen van het chic van het Franse Tweede Rijk.

REVERSIBLE BACK HOODED PARKA

Pet London
London, UK
2007
www.petlondon.net

Clothing for dogs and other pets has always been a sub-genre all on its own. The use of black can provide it with a little elegance but it cannot save it from the controversy.

Les vêtements pour chiens et autres animaux de compagnie ont toujours représenté un univers à part entière. Si l'usage du noir contribue sans doute à lui conférer un soupçon d'élégance, il ne peut cependant le sauver de la controverse...

Kleding voor honden en andere dieren is altijd een subwereld op zich geweest. Het gebruik van zwart kan enige elegantie brengen, maar kan het niet behoeden voor de controverse.

FAIRYTAIL COUTURE

Fairytail Couture at Pet Fashion Week
New York, USA
2007
www.fairytailcouture.com

They say that "the cowl doesn't make the monk". Some people automatically apply this saying to the specialised world of canine clothing. Some add, quietly, "but it helps". It's an endless debate, but it shouldn't be forgotten that the colour has nothing to do with it.

On a coutume de dire que ''l'habit ne fait pas le moine''. Si certaines personnes appliquent systématiquement cet adage au petit monde des vêtements pour chiens, d'autres ajoutent tranquillement : ''mais il y contribue''. Certes, le sujet n'a pas fini de susciter le débat. Soulignons cependant que la couleur n'a rien à voir dans tout cela.

Er wordt gezegd dat niet allen monikken zijn die kappen dragen. Sommige mensen passen dit gezegde automatisch toe op de subwereld van hondenkleding. Sommigen voegen zachtjes toe: 'maar het helpt'. Het is een eindeloos debat, maar vergeet niet dat kleur hier niets mee te maken heeft.

"Excite me, ignite me
Oh and you know,
I miss you, I kiss you
Oh and you know

BLACK CHERRY
BLACK CHERRY
Stone"

Goldfrapp "Black Cherry", 2003

LADY'S BAG
ME AND MY BERETTA

Miriam van der Lubbe
Someren, The Netherlands
2007
www.ons-adres.nl

Ideal for causing problems with the local police. Is our society ready to appreciate the implicit humour of this object? A beautiful piece that transports us back to the first version of Scarface. Long live film noir!

Le sac idéal pour attirer l'attention de la police ! La société est-elle réellement prête pour une telle forme d'humour ? Quoi qu'il en soit, cet accessoire est un hommage éloquent à l'univers de Scarface... Le film noir à encore de beaux jours devant lui !

Ideaal voor wanneer je problemen hebt met de lokale politie. Is onze maatschappij klaar om de impliciete humor van dit object te waarderen? Een prachtig stuk dat ons terugbrengt naar de eerste versie van Scarface. Leve de cinéma noir !

RADIOLARIA

Nervous System
Massachusetts, USA
2007
http://n-e-r-v-o-u-s.com/

This necklace fastens at the back with a sliding mechanism enabling variable lengths. The silicone rubber is soft, supple and stretchy. Its light weight makes it a joy to wear. It is also odourless and heat resistant with a high tensile strength that allows the necklace to recover from both stretching and crushing with no damage.

Cet étonnant bijou comporte une attache coulissante qui lui permet d'être porté à des longueurs variables. Le matériau utilisé, un caoutchouc de silicone, est mou, souple et extensible. Résistant à la chaleur, ce collier ne se déforme jamais du fait de son élasticité, et son poids plume le rend très agréable à porter.

Deze ketting wordt aan de achterkant gesloten met een schuifsysteem dat verschillende lengtes mogelijk maakt. Silicoonrubber is zacht, soepel en uitrekbaar. Het lichte gewicht maakt dat het prettig te dragen is. Door de grote elasticiteit en doordat ze hittebestendig is, zal de ketting niet zijn vorm verliezen en zal ze herstellen als ze wordt uitgerokken of platgedrukt.

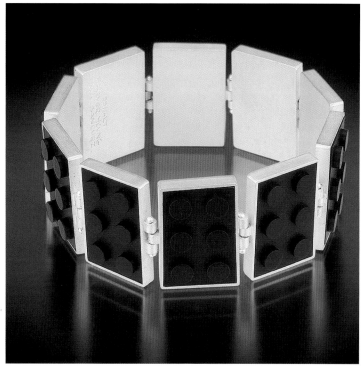

FOREVER YOUNG

Jacqueline Sanchez
Atlanta, USA
2008
www.jacquelinesanchez.com

Task: say the first word that comes into your head, without thinking about it, when you see this piece of jewellery. Without a doubt, in 98% of the cases it would be Lego. Its name already reveals its desire to bring a juvenile style to whoever sees or wears it.

Quel objet vous inspire ce bijou ? Le Lego, dans 98% des cas. La gamme Forever Young affiche une tendance inédite, assumant un design ludique, pour réveiller l'enfant qui sommeille en chacun de nous.

Zeg het eerste woord, zonder na te denken, dat in je gedachten opkomt als je dit sieraad ziet. Zonder twijfel is dit in 98% van de gevallen 'Lego'. Zijn naam en zijn stijl getuigen van zijn behoefte om een jeugdige stijl aan te meten aan iedereen die het ziet of draagt.

DAILY COMMUTERS

Emanuel Lakoutsis & Ellie Kakoulidou
Thessaloniki, Greece
2007
www.supermandolini.com

More than one person will interpret this object as a metaphor for the 2008 crisis when they see it. Businessmen in black fighting for their lives, so as not to fall into the abyss. It's certainly the right moment to release this design. Wall Street's new Fashion.

Des businessmen s'accrochant désespérément aux branches pour ne pas sombrer dans l'abîme... Ces drôles de boucles d'oreilles font étrangement écho à la crise financière. Nul doute que ces bijoux évocateurs feront un tabac à Wall Street !

Meer dan een persoon zal in dit object een metafoor zien voor de crisis van 2008. Zakenmannen in net zwart maatpak vechten voor hun leven, zodat ze niet in de afgrond vallen. Het is een goed moment om dit ontwerp uit te brengen. Wall Street's nieuwe mode.

ADRIA COLLAR

Vice & Vanity
Singapore
2008
www.vicevanity.com

Return to the times of the Pharaohs. It will surely be the pharaohs of our times who will wear these around their necks, inspiring power and aggression rather than a retro feel.

Retour aux temps des pyramides avec ces colliers robustes qui trouveront très certainement une place de choix au cou des ''pharaons'' des temps modernes. Des bijoux davantage évocateurs de force et d'agressivité que d'un esprit rétro.

Terug naar de tijd van de farao's. Het zullen waarschijnlijk ook de farao's van onze tijd zijn die deze rond hun nek dragen. Waarom slagen ze er niet in om een retrogevoel te creëren, in plaats van een woedend gevoel als we erover na denken?

THE RECYCLED
INNER TUBE JEWELLERY

Irene Wolf
Pforzheim, Germany
2007
www.pilartz.com

Plastic plays an integral role in our everyday lives. It is almost impossible to separate it from our everyday life. Why not discover expressive and decorative uses for it.

Le plastique s'est à ce point immiscé dans le quotidien qu'il est presque impossible désormais de s'en passer. Alors pourquoi ne pas aller encore plus loin, en le détournant de ses fonctions utilitaires pour un usage plus décoratif ?

Plastic speelt een belangrijke rol in ons dagelijkse leven. Het is bijna niet mogelijk om het van ons normale leven te scheiden. Waarom dan niet toepassingen bedenken in expressive en decoratieve vormen.

"BLACK IS BLACK,

I want my baby back
And grey is grey
since she went away
Oh oh, what can I do,
cause I, I'm feeling blue"

Los Bravos, "Black is Back", 1966

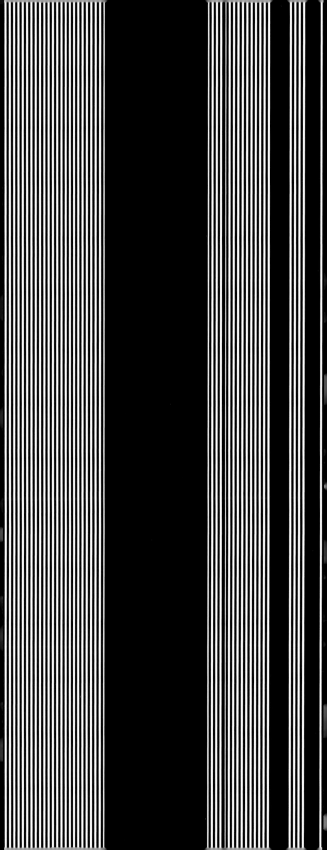

FOOD

PIERRE HERMÉ

Florence Faisans
Paris, France
2008
www.pierreherme.com

Delicate cake with roasted almonds, mascarpone cream and black truffle, fresh black truffle to grate on each slice just before serving.

Gâteau délicat aux amandes grillées et mascarpone parsemée de truffe noire. a truffe fraîche est râpée sur chaque tranche juste avant qu'elle ne soit servie.

Delicate cake met geroosterde amandelen, mascarpone-crème met zwarte truffel en verse zwarte truffel om net voor het serveren over elk plakje te schaven.

ABSOLUT 100

Pearlfisher for Absolut
London, UK
2007
www.pearlfisher.com
www.absolut.com

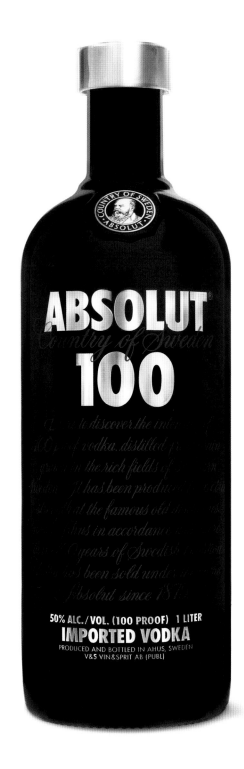

Absolut 100 is rich and smooth with notes of dried fruit and herbs. The stylishly intense, masculine qualities of Absolut 100 are emphasized in the bottle design, in opaque black with touches of chrome silver and grey.

Absolut 100 révèle des notes de fruits secs et d'herbes aromatiques. Présentée dans une bouteille intensément noire et parfaitement opaque, agrémentée de touches chromées, argent et gris, la vodka suédoise exhale son essence virile et masculine.

Absolut 100 is rijk en zacht met de smaak van gedroogd fruit en kruiden. De intense stijl en de mannelijke kwaliteiten van Absolut 100 worden benadrukt in het sterke uitgewerkt ontwerp met de fles in ondoorschijnend zwart, met details in chroomzilver en grijs.

COCA-COLA BLACK

Pearlfisher for Coca-Cola Company
London, UK
2006
www.pearlfisher.com
www.coca-cola.com

A soft drink that mixes the flavour of Coca-Cola and coffee. A combination that is too explosive, perhaps. You'll have to try it to find out what the combined effect of so much caffeine is.

Une boisson qui réunit à elle seule les effets du Coca-Cola et du café, est-ce bien raisonnable ? Une solution pour découvrir les réactions produites par ce mélange détonnant : l'essayer.

Een frisdrank die de smaken van Coca Cola en koffie weet te combineren. Misschien een te explosieve combinatie ? Je zal het moeten uitproberen om te weten wat het effect van zo'n hoeveelheid cafeïne is.

FOOD CREATION
BY FERRAN ADRIÀ

Ferran Adrià
Girona, Spain
2007
www.elbulli.com

The well known workmanship of Ferran Adrià, in the form of artistry carried out under the watchful eye of Francesc Guillamet. Results in ephemeral creations, in forms that seem impossible for what they are – food. And black, an unusual colour on the plate, enables it to become beautiful.

La virtuosité du célèbre cuisinier espagnol, Ferran Adrià, se fige sous l'objectif de Francesc Guillamet. Véritables œuvres d'art, ses créations éphémères et improbables nous font presque oublier ce qu'elle sont : un met. Et lorsque celui-ci ose le noir pour donner vie à ses assiettes, la cuisine accède au domaine de l'art.

Het vakmanschap van Ferran Adrià, bij iedereen bekend, neemt de vorm aan van een kunstwerk onder toezicht van Franscesc Guillamet. Het resulteert in vluchtige creaties, met de meest onmogelijke en vergezochte vormen voor wat het is: voedsel. En het zwarte, een ongebruikelijke kleur op je bord, verheft het tot de een status van schoonheid.

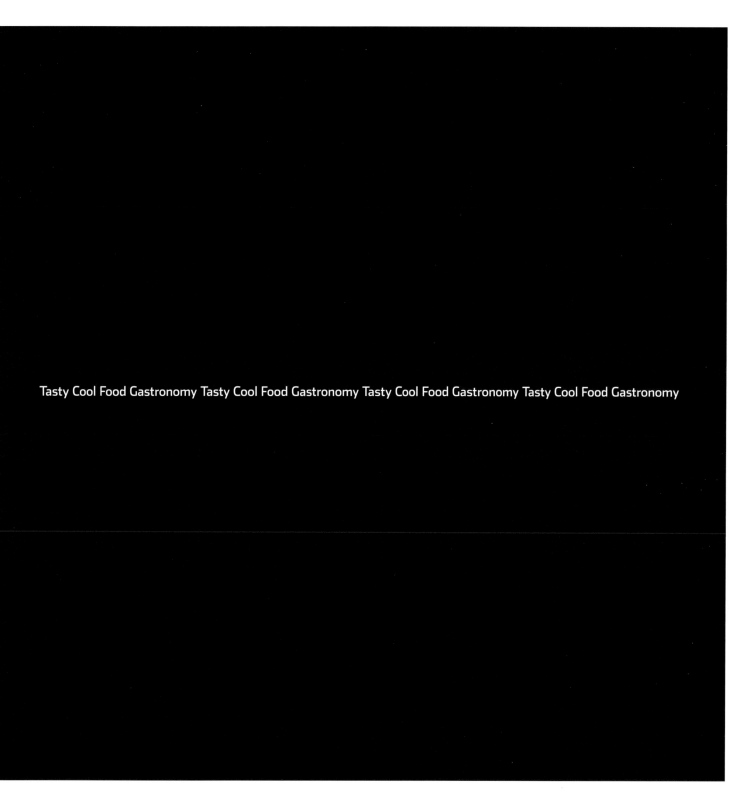

Tasty Cool Food Gastronomy Tasty Cool Food Gastronomy Tasty Cool Food Gastronomy Tasty Cool Food Gastronomy

CHOCOLATE

Ferran Adrià
Girona, Spain
2007
www.elbulli.com

Shapes that can't possibly be food. This is shown in the shape of a rampant insect that later reveals itself to be a delicious sweet. A complete pleasure to savour for both the palate and the eyes.

Difficile de croire que ce minuscule arthropode soit en réalité un délicieux bonbon. Une gourmandise totale, qui mêle plaisir du palais et ravissement des yeux.

Vormen die onmogelijk voedsel kunnen zijn. Voorgesteld als een kruipend insect, blijkt het object een heerlijke praline te zijn. Puur genot – zowel voor het gehemelte als voor het oog

LOLLIPOP

Ferran Adrià
Girona, Spain
2007
www.elbulli.com

Almost a classic from the El Bulli restaurant menu, the lollipops represent a platform for this culinary artist's expression. This one is made of chocolate.

Au menu du très prisé restaurant El Bulli, les sucettes sont une véritable plate-forme d'expérimentation pour l'artiste qui officie aux fourneaux. Pour exemple, celle-ci, délicieusement revêtue d'un chocolat croquant.

Een klassieker op het menu van het El Bulli-restaurant. De lolly vertegenwoordigt een cruciaal onderdeel voor de expressieve vormgeving van deze kunstenaar achter het fornuis. Hier hebben we er eentje die gemaakt is van chocolade.

KARADAG

Nadie Parshina
Moscow, Russia
2008
www.nadieparshina.ru

This is a study project. It is intended to remind us of the animals and birds that are disappearing from the Karadag. The Karadag nature reserve, in the Crimea.

Au départ, il s'agissait d'un projet d'étude visant à sensibiliser chacun à l'extinction des animaux de la réserve naturelle de Karadag, en Crimée. Au final, cette création s'avère aussi élégante qu'ambitieuse.

Dit is een studieproject. Het belangrijkste idee erachter is ons te wijzen op verdwijnende diersoorten die wonen in de Karadag. Karadag-natuurreservaat in de Pontische zee (op de Krim).

Журавль-
красавка

алигот

Европейский
муфлон

каберн

Тонкоклювый
кроншнеп

совинь

Карадаг

совиньон

WINE IN TUBE

So Chic Wines
Vaison-La-romaine, France
2006-2007
www.sochicwines.com

This very chic product range has opted for a luxury container. Intended as an elegant gift, it also enables you to discover the three great varieties of the Rhône valley. An initiation for the senses. For sharing.

Un produit haut de gamme dans un conditionnement luxueux. En plus d'être un cadeau élégant, ce coffret qui réunit trois échantillons permet de découvrir les principaux cépages de la Vallée du Rhône. Une initiation pour les sens. À partager.

De erg chique reeks van dit product vraagt om een luxe houder. Bedacht met het idee een elegant geschenk te zijn, biedt het je tevens de mogelijkheid om de drie grote variëteiten van de Rhonevalei te ontdekken. Een inwijding voor de zintuigen – iets om te delen met anderen.

BULLDOG GIN

Chris Lenox & Josh Young (Agent 16 - NY)
London, UK
2008
www.bulldoggin.com

Looks fierce. But it will seduce you with an exotic taste no other gin offers. Quadruple distilled, using traditional copper-pots, this irresistible spirit is ultra-refined, and isn't harsh like other gins.

D'allure robuste, ce gin d'exception saura séduire les plus réticents par son goût exotique. Distillé quatre fois dans des fûts de cuivre, conformément à la tradition, ce spiritueux ultra raffiné ne souffre pas de l'âpreté des vieux gins. Irrésistible !

Ziet er krachtig uit. Maar het zal je verleiden met een exotische smaak die geen andere gin biedt. Viervoudig gedestilleerd in koperen potten; deze onweerstaanbare sterke drank is erg verfijnd en niet zo scherp als die ruwe, oude gins.

VERTIKAL
PREMIUM VODKA

Non-object design studio
California, USA
2008
www.nonobject.com

In terms of modern bottle design, it seemed that the alcoholic beverage category deserved a more progressive design - one that would evoke emotion and push the limits further, whilst bearing in mind cost implications and the complexity of manufacturing. The question they asked themselves was could a bottle be made without a neck?

Le design des contenants de boissons alcoolisées a subit une évolution futuriste ces dernières années. Se jouant des contraintes financières, mais aussi de fabrication et de conservation, les designers ont osé repousser les limites en imaginant une bouteille sans goulot.

In tegenstelling tot het doorsnee ontwerp van flessen, bleek dat deze categorie alcoholische dranken een progressiever ontwerp verdiende: een ontwerp dat emotie oproept en grenzen verlegt, terwijl ook het kostenplaatje en de praktische beperkingen in productie niet uit het oog verloren worden. Uitgangspunt voor de designers: kan iemand een fles maken zonder een hals?

FORTNUM & MASON

Pearlfisher for Fortnum & Mason
London, UK
2007
www.pearlfisher.com

An elegant table set. Its well thought out design allows it to be kept on display, ready to serve visitors or to give yourself a mid-afternoon treat. Nobody would guess that behind this packaging you'd find tea and biscuits.

Derrière ce design recherché se cache un ensemble de table aussi élégant que gourmand, parfait pour agrémenter vos pauses ''goûter''. Qui se douterait, en effet, qu'à l'intérieur de ces boîtes raffinées se cachent du thé et de délicieux biscuits ?

Een elegante set voor de tafel. Het uitgekiende ontwerp kan perfect als decoratief element op de tafel blijven staan, waar je klaar staat om je bezoekers te verrassen of voor je vieruurtje. Niemand zou vermoeden dat je in deze verpakking thee en koekjes zouden vinden.

QUOTATIONS FRENCH:

#6 Le noir est la couleur des objets qui ne reflètent la lumière dans aucune des parties du spectre visible.

Le NOIR peut être défini comme l'expérience visuelle où l'œil ne perçoit aucune lumière visible.

#8 Les pigments qui absorbent la lumière plutôt que de la réfléchir dans l'œil se voient noir.
Mais le noir peut également être le résultat d'une combinaison de plusieurs pigments qui, collectivement, absorbent toutes les couleurs. Pour ce faire, les pigments des trois couleurs primaires doivent se mélanger en proportions équivalentes. Le résultat reflète alors si peu de lumière qu'il est appelé « noir ».

#26 De retour au NOIR,
Je me pieute
Y'a bien trop longtemps que je suis parti !
J'suis content d'être de retour
Oui, je me suis défait du nœud coulant
Qui me retenait pendu
Je garde mes yeux rivés au ciel,
Ca me donne du courage
Oubliez le corbillard, car je ne mourrai jamais !
J'ai neuf vies,
Des yeux de chat,
Je vais m'occuper de chacun d'eux et me déchaîner !

AC/DC ''Back in black'', 1980

#59 Je vois une porte rouge et je la voudrais peinte en noir
Plus aucune couleur, je les veux toutes changées en noir
Je vois les filles se promener habillées de leurs habits d'été
Je dois détourner la tête jusqu'à ce que mon obscurité s'en aille
Hmm, hmm, hmm...
Je veux la voir peinte, peinte en noir
Noir comme la nuit,
Noir comme du charbon

ROLLING STONES ''Paint it black'', 1966

#74 ''La beauté n'est pas une substance en soi, mais un jeu de clairs-obscurs émanant de la juxtaposition de différentes substances qui constituent entre elles un jeu subtil de modulations d'ombres''

''Tout comme une pierre phosphorescente, sublimée par l'obscurité, perd son incroyable éclat lorsqu'elle est exposée à la lumière du jour, la beauté cesse d'exister à l'instant même où les jeux d'ombres se dissipent''

JUNICHIRO TANIZAKI, ''In Praise of Shadows''

#110 Le terme ''trou noir'' décrit une étoile éteinte. Ce terme est toutefois métaphorique, car rares sont les propriétés des objets ou espaces noirs qui s'appliquent aux trous noirs.

Cependant, la lumière émise au coeur d'un trou noir ne peut s'en échapper ; c'est pourquoi un trou noir ne peut être directement observé.

#133 Nous nous sommes dits au revoir qu'avec des mots
Je suis morte des centaines de fois
Toi tu retournes vers elle
Et moi je retourne au
NOIR
NOIR
NOIR

AMY WINEHOUSE ''Back to Black'', 2006

#140 « Excite-moi, enflamme-moi
Oh, et tu le sais,
Tu me manques, je t'embrasse
Oh, et tu le sais
Cerise Noire
Cerise Noire
Stone »

GOLDFRAPP ''Black Cherry'', 2003

#151 Noir c'est noir,
Je veux que ma chérie revienne
Et gris, c'est gris
Depuis qu'elle est partie
Oh oh, que puis-je faire
car moi, j'ai le blues

LOS BRAVOS ''Black is Back'', 1966

QUOTATIONS DUTCH:

6 Zwart is de kleur van objecten die geen licht reflecteren in enig zichtbaar deel van het spectrum.

Zwart kan worden gedefinieerd als de visuele impressie die ervaren wordt in richtingen van waaruit geen zichtbaar licht het oog bereikt.

8 Pigmenten die licht absorberen in plaats van het reflecteren 'zien er zwart uit'. Een zwart pigment kan echter ook ontstaan uit een combinatie van verschillende pigmenten die samen alle kleuren absorberen. Als de drie primaire kleuren in de juiste verhoudingen gemengd worden, reflecteert het resultaat zo weinig licht dat het ook 'zwart' genoemd kan worden.

26 Terug in 't ZWART, ik ging naar bed
Het is te lang geleden. Ik ben blij om terug te zijn
Ja, ik ben bevrijd uit de strop
die me rond heeft laten hangen
Ik heb geleefd als een ster, omdat het me in vervoering brengt
Vergeet de lijkwagen, want ik sterf nooit
Ik heb negen levens, kattenogen
Misbruik ze allemaal en jaag in het wilde weg
Ja, ik ben terug in 't ZWART

AC/DC 'Back in black', 1980

59 Ik zie een rode deur en ik wil hem zwart geverfd
Geen kleuren meer, ik wil dat het zwart wordt
Ik zie de meisjes in hun zomerkleren langslopen
Ik moet mijn hoofd draaien, totdat mijn duisternis weggaat
Hmm, hmm, hmm...
Ik wil het geschilderd zien, zwart geschilderd
Zwart als de nacht,
Zwart als kool

ROLLING STONES 'Paint it Black', 1966

74 'Schoonheid is zelf geen substantie, maar een spel van schaduwen dat voortkomt uit de juxtapositie van de verschillende substanties die het subtiele spel van de tonen van schaduwen vormen.'

'Net als een glimmende steen in de duisternis al haar fascinerende gevoel van het zijn van een kostbaar juweel terwijl het aan het daglicht blootgesteld wordt, verliest, houdt schoonheid op te bestaan als de effecten van schaduw worden onderdrukt.'

JUNICHIRO TANIZAKI, 'In Praise of Shadows'

110 De term 'ZWART GAT' wordt toegepast op dode sterren. Deze term is echter metaforisch, omdat slechts een aantal eigenschappen van ZWARTE objecten of ZWARTE leegten van toepassing zijn op ZWARTE GATEN.

Omdat licht dat van binnen de horizon van een zwart gat wordt uitgestraald, niet kan ontsnappen, kan een zwart gat niet rechtstreeks gezien worden.

133 We zeiden alleen tot ziens met woorden
Ik stierf honderd keren
Je gaat terug naar haar
En ik ga terug naar
ZWART
ZWART
ZWART

AMY WINEHOUSE 'Back to Black', 2006

140 'Wind me op, start me,
Oh en je weet,
Ik mis je, ik kus je
Oh en je weet
ZWARTE KERS
ZWARTE KERS
Steen'

GOLDFRAPP

151 'ZWART IS ZWART,
Ik wil mijn schatje terug
En grijs is grijs
Sinds ze wegging
Oh oh, wat kan ik doen,
Want ik, ik voel me neerslachtig'

LOS BRAVOS, 1966

THANKS TO:

PAGE 9 | Federico Mastrianni

BISAZZA HEADQUARTERS | Alberto Ferrero © Bisazza

BISAZZA SHOWROOM MILAN | Federico Cedrone © Bisazza

FULL HOUSE | J. Mayer

THE PUBLIC | Roderick Coyne

POOLS & POUF! | Patrick Gries

INTERSECT SOFA | Akihiro Tamura

SPIDER SOFA | Daici Ano

I-WAY | Cyrille Druart

INFINITY | Pierre-Alexandre Merlet

ALEXIS MABILLE | Olivier Chabassier - Studio H20

FAIRYTAIL COUTURE | Daniel Gagnon

PAGE 141 | David_Mallett Photo: Luciana Val and Franco Musso @ Katy Barker agency

FOREVER YOUNG | Cole Rodger

PAGE 150 | David_Mallett Photo: Michel Comte / courtesy I-Management Ltd

FOOD CREATION BY FERRAN ADRIÀ | Francesc Guillamet

CHOCOLATE | Francesc Guillamet

LOLLIPOP | Francesc Guillamet

KARADAG | Nadie Parshina

VERTIKAL VODKA | Nonobject Design studio